UNION

DE LA

JEUNESSE PLÉBISCITAIRE

DE LA SEINE

STATUTS

Première Edition

SOISSONS

IMPRIMERIE TYPOGRAPHIQUE DE A. MICHAUX

8, Rue du Collège, 8

1894

UNION

DE LA

JEUNESSE PLÉBISCITAIRE

DE LA SEINE

STATUTS

Première Edition

Union de la Jeunesse Plébiscitaire de la Seine

STATUTS

TITRE Ier

BUT DE L'ASSOCIATION

Article premier

Une Association a été fondée à Paris sous la dénomination de *Union de la Jeunesse Plébiscitaire de la Seine.*

Article 2

L'Association a pour but de créer un centre de relations amicales et fraternelles pour tous les jeunes Plébiscitaires, Napoléoniens, Impérialistes Républicains, Révisionnistes dans un sens plébiscitaire, *en un mot de tous ceux qui réclament l'élection du chef de l'Etat par le Peuple.*

TITRE II

Article 3

1. Nul ne peut faire partie de l'Association s'il ne justifie d'abord de sa qualité de Français et s'il ne fait partie d'un Comité Plébiscitaire, Impérialiste, Napoléonien, Républicain, Révisionniste.

2. Toutefois pourront faire partie de l'Association sur la proposition du Comité directeur, les parents ou alliés d'un des membres de l'Association et les personnes ayant rendu des services exceptionnels au parti ; mais à raison de leur situation toute particulière dans l'Association, ces sociétaires ne pourront faire partie du Comité directeur.

3. Les Dames, sur leur demande, sont admises dans l'Association à titre de membres honoraires cu correspondantes.

4. On admettra, à titre d'invités aux soirées, bals, concerts et conférences, les amis présentés par les sociétaires, sous *leur responsabilité personnelle*.

Article 4

1. L'Association se compose de membres d'honneur, de membres fondateurs, de membres honoraires, de membres participants et de membres correspondants.

Membres d'Honneur

2. Sur la proposition du Comité directeur, l'assemblée générale décerne, par un vote secret, le titre de membre d'honneur à toute personne qui, par services rendus, dons ou legs, aura contribué à la prospérité de l'Association.

3. Les présidents des Comités plébiscitaires de Paris et de Province, sont de droit, membres d'honneur de l'Association.

4. Les membres d'honneur sont exonérés de toute cotisation.

Membres Fondateurs

5. Reçoit le titre de membre fondateur, et se trouve par suite dispensé du paiement de toute cotisation ultérieure, celui ou celle qui verse, en une seule fois, la somme de 50 francs minimum.

Membres Honoraires

6. Sont membres honoraires toutes les personnes qui, ne faisant pas partie de l'Association, s'engagent à payer une cotisation annuelle de douze francs minimum payables en une fois ou à raison de 1 fr. par mois.

Membres Participants

7. Les membres participants, sont admis sur la présentation de deux membres, par un vote secret

de l'assemblée générale (exception faite pour tout membre inscrit à ce jour).

8 Les membres participants signent une feuille d'adhésion aux présents Statuts et versent une cotisation annuelle de six francs minimum, payables mensuellement, sous peine d'une amende de 0 fr. 50 par trois mois de retard.

9. En outre ils sont soumis à un droit fixe d'entrée de 1 franc.

Membres Correspondants

13. Sont membres correspondants, les personnes qui, habitant hors du département de la Seine et désireux d'aider à l'action commune consentent à verser une cotisation annuelle de 3 francs minimum.

14. Un Comité directeur composé de dix-neuf membres est nommé pour un an au bulletin secret.

Article 5

EXCLUSION ET RADIATION

1. Cessent de faire partie de l'*Union*, les membres qui, après deux avis, auront négligé ou refusé de payer leurs cotisations échues depuis un semestre.

2. Le Comité pourra surseoir à l'application de cette mesure, lorsque le dit membre aura prouvé que le retard est occasionné par des circonstances indépendantes de sa volonté.

3. En cas de radiation, le sociétaire ne pourra de nouveau faire partie de l'Association, qu'en acquittant ses cotisations arriérées, et celles qu'il aurait payées s'il n'avait pas quitté l'Association.

4. Peuvent être exclus de l'Association, temporairement ou définitivement, après vote de l'assemblée :

Ceux qui troubleraient les séances aux réunions ;

Ceux qui volontairement, auraient porté préjudice à l'Association soit par actions, soit par paroles ;

Ceux qui par leur conduite motiveraient une plainte de dix membres signataires d'une demande d'exclusion.

5. Aucune de ces exclusions, ne peut être prononcée, sans que l'intéressé ait été entendu.

6. Sont exclus de droit :

Ceux qui subiraient une condamnation afflictive ou infamante.

7. La radiation, la démission ou l'exclusion ne donnent droit à aucun remboursement.

8. Tout membre qui donnerait sa démission doit en avertir par lettre le président de l'Union.

TITRE III

DEVOIRS DE L'ASSOCIATION

A L'ÉGARD DES MEMBRES DÉCÉDÉS

Article 6

1. En raison des liens de confraternité et de l'estime mutuelle née de leurs rapports dans l'*Union*, les sociétaires rendent un dernier hommage à tous los membres décédés.

2. Les lettres de faire part remises par la famille sont adressées aux sociétaires, par les soins du secrétaire.

3. En cas de décès, nne députation de deux membres pris à tour de rôle et par ordre d'inscription assistera aux obsèques.

4. L'Association offre une couronne d'un modèle uniforme pour tous les membres de l'Union.

TITRE IV

DES RÉUNIONS

Article 7

1. Les réunions ont lieu le premier mercredi de chaque mois.

2. Toute discussion personnelle est formellement interdite dans les réunions.

3. En cas d'urgence et sur la convocation du Président, une réunion peut-être tenue à une date autre que celle indiquée ci dessus.

Article 8

1. Le Comité nomme dans son sein deux commissions de cinq membres chacune.

Une commission des « fêtes et réunions » chargée d'organiser le plus fréquemment possible, des soirées, ou matinées variées (bal, concerts, conférences).

Une commission de secours chargée d étudier les demandes qui pourraient être adressées à l'Union en vue de venir en aide à un membre nécessiteur.

Chaque commission nomme un président et un rapporteur et devra fournir au président de l'Union un compte-rendu détaillé toutes les fois qu'il lui sera donné de se réunir.

Tout membre pourra faire partie des deux commissions s'il en exprime le désir.

TITRE V

ASSEMBLÉE GÉNÉRALE

Article 9

1. L'assemblée générale régulièrement constituée représente l'universalité des membres de l'Union.

2. Ses décisions sont obligatoires pour tous, même pour les absents ou les dissidents.

3. Il y a tous les ans, le premier mercredi de novembre, une assemblée générale qui a pour principale mission le renouvellement annuel du bureau et des membres devant composer le Comité directeur.

4. L'assemblée générale se réunit, en outre, extraordinairement toutes les fois que le Comité directeur le juge utile, ou sur la demande écrite de vingt membres inscrits.

5. Tout membre qui désire prendre la parole doit en demander l'autorisation au président qui en réfère au bureau et, si besoin est, à l'assemblée.

6. L'assemblée générale approuve ou rejette les comptes et les propositions qui lui sont présentés par le Comité directeur.

7. Les délibérations signées des membres du bureau sont adressées à tous les membres absents et aux membres correspondants.

TITRE VI

ADMINISTRATION

Article 10

1. L'administration est confiée à un Comité renouvelable chaque année et composée d'un président, de deux vice-présidents, d'un secrétaire, d'un tréso-

rier, et de quatorze membres dont les fonctions sont essentiellement gratuites.

2. Le Comité est élu chaque année par l'assemblée générale de novembre.

3. Les membres du Bureau sont choisis parmi le Comité, mais sont nommés par l'assemblée générale, à la majorité absolue et au bulletin secret, par tous les membres de l'Union.

L'élection aura lieu le deuxième dimanche de novembre.

Le scrutin ouvert à 2 heures, sera clos à 5 heures. Les absents pourront voter par correspondance, suivant la forme adoptée.

Article 11

PRÉSIDENT ET VICE-PRÉSIDENTS

1. Le Président surveille et assure l'exécution des statuts ; il dirige les débats et est chargé de la police des assemblées générales et des réunions de comité. Il signe les procès-verbaux des délibérations, les actes, les arrêtés et représente l'Union de la jeunesse Plébiscitaire dans tous ses rapports extérieurs.

2. Le Président est remplacé de droit par les Vice-Présidents, dans les cas d'absence ou d'empêchement, ou lorsqu'il leur délègue spécialement et par écrit ses pouvoirs.

Article 12

SECRÉTAIRE

Le Secrétaire est chargé de la rédaction des procès-verbaux, des rapports, de la correspondance, des convocations, des annonces ou publications.

Article 13

TRÉSORIER

1. Le Trésorier tient les comptes, recouvre les recettes et fait les paiements.

2. Il inscrit régulièrement les recettes et les dépenses sur un livre de caissse.

3. Une fois par an, à l'assemblée générale de novembre, il présente le compte-rendu de la situation financière ; ses comptes sont vérifiés, apurés par le comité et soumis à l'approbation des Membres de l'Union.

Article 14

COMITÉ DIRECTEUR

1. Le Comité directeur est chargé de l'exécution des décisions de l'assemblée générale. — Il a les pouvoirs les plus étendus pour tout ce qui concerne l'administration.

2. Il recueille, discute, coordonne les propositions dûes à l'initiative des Membres et les soumet à l'Assemblée, s'il y a lieu.

3. Les commissions particulières sont prises dans le Comité. Elles ne peuvent agir que par délégation. — Dans .tous les cas, le Comité décide en dernier ressort.

4. Toute demande, de quelque nature qu'elle soit, doit être formulée par écrit et remise à l'un des Membres du bureau 8 jours au moins avant la réunion.

5. Les Membres du Comité directeur sont spécialement tenus d'assister aux réunions mensuelles de l'*Union*.

6. Tout Membre dudit Comité qui, sans s'excuser, aura fait défaut à deux séances consécutives, sera déclaré démissionnaire, en tant que Membre du bureau et ne pourra en faire partie l'année suivante.

TITRE VII

FONDS SOCIAL. — SON EMPLOI

Article 11

1. Le fonds social se compose :

    1º des cotisations ;

    2º des versements une fois faits ;

    3º des dons qui seraient faits à l'Association ;

    4º et en général de toutes les recettes qui pourraient être faites par l'Union.

2. Le fonds social est destiné à subvenir aux dépenses de publicité, impressions et convocations, locations de salle, frais des soirées, délégations, secours, etc.

TITRE VIII

INSIGNES

Article 16

1. Il est créé un insigne spécial pour tous les Membres de l'Association quels qu'ils soient.

2. L'Insigne est un ruban moiré violet, dont les bordures sont aux couleurs nationales.

3. Le port de l'Insigne est obligatoire pour tous les Membres participants, aux réunions spéciales, telles que conférences, bals, concerts, etc.

4. Le port de l'insigne est également obligatoire pour les délégations chargées d'assister aux obsèques d'un Membre décédé.

5. Les Insignes sont fournis par le Secrétaire, moyennant un versement de 0 fr. 60.

TITRE IX

MODIFICATIONS AUX STATUTS

Article 17

Toute modification aux présents Statuts ne pourra être prononcée que sur la proposition du comité et après un vote de l'assemblée générale, à la majorité des Membres présents.

TITRE X

DISSOLUTION

Article 18

1, La dissolution de l'Union ne peut être prononcée que par une délibération de l'assemblée générale à la majorité des Membres présents.

2. Les fonds existant à la date de la dissolution seront, prélèvement fait des charges, répartis par les soins du comité conformément au vœu de l'assemblée générale.

Soissons. — Imp. A. Michaux